QUELQUES PAGES

DE

VÉRITÉS

PAR

PIERRE LEROUX.

DEUXIÈME ÉDITION

—

Prix : 50 c.

. PARIS

NTU, LIBRAIRE-ÉDITEUR

IS-ROYAL, 13, GALERIE D'ORLÉANS.

QUELQUES PAGES DE VÉRITÉS.

AVIS.

Si la faveur du Public le seconde, Pierre Leroux se propose de publier successivement :

La Grève de Samarez (d'où le présent Fragment est tiré).

Aux États de Jersey, précédé d'une Lettre à l'Académie Française.

Les Moralistes Français, depuis le seizième siècle jusqu'à nos jours.

Paris, imp. de L. Tinterlin, r. N°-des-B.-Enfants, 3.

QUELQUES PAGES

DE

VÉRITÉS

PAR

PIERRE LEROUX.

DEUXIÈME ÉDITION

PARIS

E. DENTU, LIBRAIRE-ÉDITEUR

PALAIS-ROYAL, 13, GALERIE D'ORLÉANS

—

1860

1859

QUELQUES PAGES DE VÉRITÉS.[1]

RÉPONSE A MON BIOGRAPHE.

CHAPITRE PREMIER.

Petite correspondance au sujet de mes Mémoires.

J'arrive enfin à ceux qui me conseillent d'écrire mes Mémoires.

J'ai communiqué l'idée que m'avait suggérée mon voisin à un ancien ami, qui m'est fort affectionné et qui m'a toujours paru de bon conseil.

Nous avons eu à ce sujet une petite correspondance... J'ai là ses lettres... Mon ami, vous allez le voir, est devenu très-laconique ; de plus, il écrit quelquefois en énigmes.

Voici ce qu'il m'a répondu d'abord :

« Mon cher ami,

« Quand un homme tombe dans l'escla-

---

[1] Fragment tiré de la GRÈVE DE SAMAREZ.

« vage, Jupiter lui enlève la moitié de son
« âme.

« Je vous ai souvent entendu vanter cette
« pensée d'Homère.

« Donc, soumettez-vous au Destin, et écri-
« vez vos Mémoires. »

J'ai répliqué, ou à peu près, car je ne garde
jamais copie de mes œuvres épistolaires :

« Si je vous comprends bien, vous me
« croyez déchu! Vous croyez que la pauvreté
« m'a ôté, dans l'exil, la moitié de mon âme!
« Hélas! tout est si triste en moi et hors de
« moi, que quelquefois je le crains moi-
« même.

« Cependant vous avez tort. Je sens poin-
« dre des idées nouvelles.

« J'ai eu la fantaisie de nommer la der-
« nière petite fille qui m'est venue, *Speranza*.
« Je l'aurais nommée ainsi, si sa mère n'a-
« vait préféré l'appeler Joséphine. Mais la
« fille de mon cerveau, *proles sine matre*
« *creata*, je serai bien maître, je l'espère, de
« l'appeler comme je voudrai, et je ne veux
« pas l'appeler mes Mémoires.

« Si j'écrivais mes Mémoires, je raconte-
« rais ce que vous savez : comment je n'ai
« pu me décider, il y a de cela une vingtaine

« d'années, à écrire une Vie de Napoléon en
« deux volumes, qui m'aurait rapporté cent
« mille francs et l'honneur de voir, sur le
« titre d'un livre, mon nom à côté de celui
« de Béranger. Je préférai écrire le livre *De*
« *l'Humanité*... Faut-il donc, qu'arrivé à la
« vieillesse, la pauvreté me fasse faire ce
« qu'elle ne fut pas capable de m'obliger à
« faire dans mon âge mûr ? »

Voyons ce qu'il m'a répondu là-dessus :

« Vous avez tort. Tout le monde écrit ses
« Mémoires ; on finit toujours par là. M. Gui-
« zot vient de vendre les siens cent mille
« francs. Je ne vous parle pas des Mémoires
« d'un Bourgeois de Paris, ni de ceux d'un
« Enfant de la Savoie. Ne voyez-vous pas
« que c'est un *devoir*, à notre époque, de
« faire de l'argent de cette façon ?

« Mais cette raison ne vous a pas touché
« jusqu'ici. Je vais vous en donner une
« autre.

« Vous êtes triste, me dites-vous, et je le
« conçois. Écrivez vos Mémoires, racontez-
« nous tous vos chagrins. Cela vous conso-
« lera. »

Sur quoi je lui ai objecté :

« Un jour, en ma présence, un poëte se

« plaignait à un poëte des chagrins qui étaient
« venus l'assaillir, presque jusqu'à troubler
« sa raison.

« — *Cela*, lui dit l'autre, *vous servira à faire*
« *de beaux vers.*

« Cruel ami, vous me répondez comme ce
« poëte. Et que savez-vous si le triste exer-
« cice auquel vous voulez me soumettre
« n'achèvera pas mon supplice! »

Nous en sommes là de notre correspondance. Je ne sais s'il persistera dans son pro-
chain courrier.

CHAPITRE II.

Comment l'honnête Boltrope, ayant quelque chose
à dire, fut interrompu par la mort.

Après tout, je me surprends moi-même à
me donner très-sérieusement le conseil d'é-
crire mes Mémoires.

Quelquefois, en effet, je me dis que je ne
voudrais pas mourir sans léguer à la postérité (à une postérité quelconque) certains
faits qui périront inévitablement si je ne les
mets pas en lumière.

Cooper, dans un de ses romans, représente

les derniers instants d'un contre-maître de vaisseau, l'honnête Boltrope. Pendant que le chapelain lui parle, Boltrope est occupé de donner un avis qui intéresse la sûreté du navire. Un boulet, en traversant le gaillard d'avant, a coupé le câble à une toise de l'étalingure, aussi proprement qu'une vieille femme couperait son fil avec une paire de ciseaux. Cette avarie empêche l'excellent Boltrope d'écouter, comme il le devrait, les consolations religieuses qu'on lui donne. Et quand il expire, il s'écrie encore : « Souvenez-vous de la seconde ancre, et ayez soin de regarder aux surpentes des basses vergues... et... et... » Il n'en peut dire davantage.

La leçon est bonne, il faut en profiter.

CHAPITRE III.

Prenons nos précautions.

Par exemple, je ne voudrais pas laisser perdre la conversation qui eut lieu un jour entre Dupuytren et une dame de ma connaissance.

Cet entretien est trop à l'honneur de Saint-

Simon, de celui que j'ai appelé *mon maître*,
et dont, à ma façon, j'ai suivi la trace, pour
que je n'en prenne pas tout le soin qu'il mé-
rite.

Si cette anecdote, que je suis peut-être le
seul à connaître aujourd'hui, allait me reve-
nir à ces instants funèbres...

Prenons nos précautions. Je ne veux pas
être dans la même situation que Boltrope.

Je suis sûr, d'ailleurs, qu'au moment de
quitter le navire, il me restera toujours assez
de choses auxquelles je n'aurai pas pensé.

CHAPITRE IV.

Saint-Simon et M. Dupuytren.

Cette conversation me fut racontée le soir
même du jour où elle eut lieu, et ma mémoire est fidèle.

La dame dont il s'agit ne manquait pas, je
vous l'assure, d'occasions pour se trouver en
tête-à-tête avec le célèbre chirurgien. Ce
jour-là, donc, par manière de distraction,
elle était venue à lui parler de Saint-Simon.

— Je l'ai connu, dit Dupuytren, je l'ai vu
deux fois en ma vie : quel étrange original !

Oui, je me rappelle, il m'a fait deux visites ; et je ne sais laquelle des deux fut la plus singulière.

— Contez-moi donc cela.

— J'avais vingt-deux ans, j'étais dans ma mansarde, je travaillais ; je piochais, comme on dit dans les écoles quand on se prépare à un examen ou à un concours. On frappe à la porte.... Entrez ! dis-je sans me déranger.

Entre un homme encore jeune, très-bien mis, bonne figure, un air ouvert et affable. Je me lève pour le recevoir.

— Vous êtes M. Dupuytren, me dit-il. Je suis Saint-Simon. Je suis votre voisin. Je me suis logé entre l'École polytechnique et l'École de Médecine. Voici mon adresse.

Il me donne sa carte.

— On m'a parlé de vous, continue-t-il, comme d'un jeune homme qui fera faire des progrès à la science. Votre dernier concours a été très-brillant. Vous avez fait souvent l'objet de nos causeries. Je suis venu vous prier de vouloir bien être des nôtres. Je tiens maison. Je suis lié avec beaucoup de savants. Monge est de mes amis. Parmi les plus jeunes, je vous citerai Poisson et Arago. Ne pensez-vous pas qu'il est nécessaire que ceux qui cultivent les sciences avec succès se fréquentent? Venez nous voir, apportez-nous vos lumières. On dîne chez moi à cinq heures, vous trouverez toujours votre couvert mis.

J'écoute cet original, et ne sais trop que lui répondre. Je trouve ses airs engageants, mais sa familiarité me déplaît. Je lui dis que mes moments sont pris ; que, pour réaliser les espérances flatteuses qu'il veut bien concevoir de moi, je n'ai pas trop de tous mes instants.

Il me parle alors de la nécessité de varier, de ne pas tenir toujours l'arc trop tendu. D'ailleurs, il faut dîner ; c'est une occasion de se voir, d'échanger des idées, de sortir de sa spécialité.

Bref, après quelques propos, rebuté peut-être par ma froideur, il se retire. Je le reconduis jusque sur le palier.

Mais en rentrant, que vois-je? Sur ma commode un sac de mille francs qu'il a oublié...

Je prends le sac, et je cours après l'homme. Il avait déjà franchi deux étages. Je descends quatre à quatre, plus vite que lui.

— Monsieur, lui dis-je, voilà un sac d'argent qui vous appartient,

Il me répond, tout en essayant de gagner la porte, que cet argent est à moi.

Comprenez-vous un pareil original !

— Je le comprends, dit la dame; mais vous, avec votre orgueil...

— Je me sentais fait pour gagner beaucoup d'argent, et non pas pour en recevoir par pure munificence. J'aurais été humilié d'accepter un cadeau.

— Vous étiez pourtant pauvre alors, c'est votre gloire.

— Oh ! je manquais de bien des choses. Mais, comme vous dites, belle dame, j'étais fier ; et, loin de me sentir touché de son offre, je me crus offensé. Je le lui fis comprendre. Il reprit son argent, après beaucoup de difficultés, en me faisant des excuses, en me disant je ne sais quoi...

— Il vous dit sans doute qu'il ne voyait pas les choses comme vous, qu'il n'était pas placé au même point de vue, que la société...

— Je l'écoutai à peine. J'avais le rouge au visage. Je remontai, content d'en être débarrassé.

—Et vous n'allâtes pas chez lui ? Il ne vous prit pas envie de fréquenter un peu cet homme qui venait de faire une action de prince?

— Je l'aurais plutôt fui d'une lieue... Mais laissez-moi vous dire ce qui m'arriva trente ans après. Vous allez voir que votre homme (puisque c'est votre homme) avait de la mémoire.

Un jour, mon domestique me dit qu'un monsieur, qui s'est présenté déjà plusieurs fois, désire me parler.

J'ordonne de le faire entrer.

— Vous ne me reconnaissez pas? me dit cet étranger. Je vous ai pourtant vu une fois dans votre jeunesse. Il est vrai que le temps a changé nos traits, comme il a changé nos positions dans le monde.

Je ne comprenais pas où il en voulait venir. Je lui fais sentir que mes instants sont précieux...

— Toujours pressé!

— Enfin, prenant un air grave, il me dit : « Faites aujourd'hui pour moi ce que j'ai voulu faire autrefois pour vous. »

Comprenez-vous un pareil original! Parce qu'il m'avait voulu donner mille francs, que j'avais refusés, il voulait que je lui donnasse pareille somme...

— Que lui n'aurait pas refusée. En effet, cela dut vous paraître fort drôle. Mais dites-moi encore une fois comment il vous fit sa proposition.

— Comme je viens de vous le rapporter. Il me dit: « Vous étiez jeune, tout le monde ne pouvait pas savoir ce qui sortirait de vous, quels services vous rendriez à la société; je pressentais ces services, j'avais de l'argent, je vous en offris. Il ne tint pas à moi que vous en profitassiez. Combien d'autres savants ont usé de ma bourse! Hé bien, aujourd'hui je suis vieux, pauvre; vous êtes riche; je m'occupe toujours de la science, et je crois qu'il sortira quelque chose de mes travaux. »

En me disant cela, il me remit une brochure... une brochure que j'ai conservée, que j'ai là encore.

Et Dupuytren tourna les yeux vers un coin de sa riche bibliothèque.

Il me remit donc cette brochure, ou plutôt il la déposa sur mon bureau, car je n'avançais pas la main pour la prendre.

— Et après ces préparatifs, que fit-il?

— Il finit par accoucher de sa demande ou, si vous voulez, de son argument : « Il convient que vous fassiez pour moi ce que j'ai voulu faire pour vous. »

— Et que lui répondites-vous? Voyons! soyez franc.

— Moi! je regardai la brochure. Je vis qu'elle pouvait bien valoir trente sous. Je n'en avais nul besoin; je tirai de ma poche une pièce de cent sous, et je la lui offris.

— Et lui?

— Il me tourna le dos, et chercha le chemin de la porte. Je le sommai à plusieurs reprises de reprendre sa brochure, puisqu'il ne voulait pas recevoir le prix que je lui en offrais. Il se tut obstinément, et sortit sans me répondre.

Je sonnai; j'envoyai après lui mon domestique, avec ordre de le forcer à reprendre sa brochure. Le bénêt revint avec.

— Et vous l'avez gardée!

— Comme malgré moi. Je l'ai même fait relier. J'ai pourtant envie, chaque fois que je vois ce livre, de le jeter au feu.

— Vous le conserverez comme un remords.

— Un remords! dites-vous?

— Ne voyez-vous pas qu'avec vos millions, vous êtes le débiteur de Saint-Simon !

et vous le serez jusqu'à la fin des siècles. Cachez ce livre, que vous n'avez pas payé, et qui vous est resté. Encore une fois, c'est un remords.

— Je vous assure que je n'en ai aucun.

— J'en aurais à votre place.

— Oh! vous êtes femme...

Et la conversation prit un autre tour.

CHAPITRE V.

Ma Biographie.

O Dupuytren, le plus grand chirurgien de ton époque, Saint-Simon était un bien autre chirurgien que toi ! c'était le chirurgien des esprits et des âmes...

J'allais continuer, quand le *postman* frappe à la porte.

Il me remet une lettre, celle précisément que j'attendais, et un petit livre à couverture jaune.

J'ouvre la lettre, et je lis :

« J'ai pesé vos raisons, je persiste... Au
« surplus, vous voilà mis en demeure. Je
« vous envoie votre *Biographie*. Ce libelle a
« été tiré à quinze mille exemplaires, et l'é=

2

« dition est déjà épuisée. Calculez le nombre
« de lecteurs. C'est tout ce qui sait lire en
« France. Resterez-vous sans répondre? Te-
« nez-vous si peu à l'estime de vos contem-
« porains? Je vous répète, pour la dernière
« fois : *Écrivez vos Mémoires.* »

CHAPITRE VI.

Un serpent à l'ombre d'un autel, au frais.

Comment! il faudra que j'écrive mes Mémoires, parce qu'il aura plu à M. Eugène de
Mirecourt...

Mais voyons si réellement je suis dans
celte nécessité...

Pourquoi m'arrêté-je à considérer si longtemps ce volume avec un *regard fauve*, comme disait un jeune poëte romantique de ma
connaissance? mon biographe ne va pas me
dévorer!

C'est tout de même bien dur de lire tout
vivant sa biographie!

Après tout, le supplice ne sera pas long.
Quatre-vingt-dix pages in-32, en petit-ro-
main, avec des blancs, douze lignes à la
page.

Nous mettions soixante-douze lignes à la colonne dans l'*Encyclopédie*, notre justification était plus grande, et nous employions du petit-texte.

J'aurais donc à lire comme qui dirait huit à dix colonnes de l'*Encyclopédie*. Voyez si c'est la peine d'hésiter si long-temps !

J'hésite néanmoins. Je ne sais pourquoi, depuis que je suis devenu vieux, ces petits libelles me font toujours l'effet d'un serpent.

Serpent ! cela me rappelle un mot de M. Dupin, un mot qui m'a fait bien rire.

M. de Montalembert était à la tribune. Il dénigrait, dénigrait, dénigrait.

Je monte au bureau de la présidence, avec l'intention de me faire inscrire.

— Vous voulez donc lui répondre !

— Eh ! oui, il ment. Ne voyez-vous pas comme il ressemble à un serpent ?

M. Dupin me regarde, sourit ; sa figure prend un singulier caractère, et, avec un ton de malice, il me dit bas à l'oreille, en posant son index sur ses lèvres :

— *Un serpent à l'ombre d'un autel, au frais !*

Jamais on ne caractérisa mieux M. de Montalembert.

CHAPITRE VII.

Un bonhomme candide.

Mon ami, pour me piquer au jeu, et craignant que je ne jette le livre sans le lire, l'a marqueté, çà et là, de croix à l'encre rouge...

Je ne vois point de croix sur la première ni sur la dernière page. C'est que mon ami ne connaît pas ma méthode.

Si je commençais par prendre le petit serpent, en cas que c'en soit un, par la tête.

Voici comme il débute :

« En examinant le portrait du personnage « que nous allons peindre, chers lecteurs, ne « vous sentez-vous point émus? Quelle figure « admirable de bonhomie! Quel regard « plein de sérénité candide ! »

Il est évident que mon biographe a l'intention de me peindre comme un bonhomme très-candide. Une figure admirable.... de *bonhomie!* un regard plein de sérénité..... *candide!*

Voyons la queue :

« Il eût certainement accepté l'invitation « que lui a faite l'Empereur, s'il ne craignait

« pas les reproches et la colère du parti bru-
« tal auquel il a le malheur d'appartenir. »

J'ai le malheur d'appartenir à un parti
brutal. Sans cela je consentirais à me faire
faire sénateur. Décidément je suis un bonhomme candide.

Mon biographe a de l'unité.

Quand il fait ses biographies, il se demande
avant de commencer : « Comment peindrai-
je celui-là? en ferai-je un méchant ou un
imbécile? »

Et ce qu'il a décidé, il le fait; il suit son
plan depuis la tête jusqu'à la queue.

CHAPITRE VIII.

Comment le bonhomme candide fit perdre quarante
mille francs au duc de Luynes.

Voyons maintenant les passages que mon
ami s'est donné la peine de signaler à mon
attention.

Je parie que je serai partout un bonhomme trop candide !

Page 26, une croix :

« Il (c'est moi), il intéresse à son inven-
« tion le duc de Luynes, le seul homme du

« siècle qui sache encore agir en grand sei-
« gneur. *Le duc lui donne quarante mille*
« *francs,* pour procéder à des expériences
« décisives. Mais soit que la somme ne fût
« pas suffisante, soit que l'inventeur eût mal
« jeté ses plans, la fonte de caractères ne
« réussit pas, et tout fut perdu. »

Voyez-vous ce bonhomme qui fait perdre
d'un coup quarante mille francs à M. le duc
de Luynes. Il avait *mal jeté ses plans !* l'in-
vention ne réussit pas, et *tout fut perdu.*

Mais de pareils bonshommes sont fort dangereux ! L'argent ne leur coûte rien pour
tenter de faire réussir leurs plans mal *jetés !*

Ah ! mon biographe, mon biographe ! comme vous écrivez la biographie !

Vraiment ici vous êtes impardonnable ; car
je me suis donné la peine de raconter mes
déboires pendant sept ans de ma vie consu-
més vainement à vouloir, par cette découverte, affranchir l'imprimerie.

Vous auriez trouvé cette page de mes Mémoires (car celle-là est écrite) dans la Revue
indépendante. Là vous auriez vu que, bien
loin de rencontrer un si généreux protecteur
et quarante mille francs, le jeune inventeur
ne rencontra personne pour le comprendre,

pas même Lafayette, trop occupé du carbonarisme, et conséquemment pas un sou. Ce qu'il fit, il le fit en prenant sur son salaire, et en réduisant presque sa pauvre mère et lui-même, et ses frères, encore enfants, à mourir de faim.

Mais, dites-moi, est-ce que vous vouliez flatter à mes dépens le duc de Luynes, *le seul homme du siècle qui sache encore agir en grand seigneur!*

Quoi! j'aurais fait une petite brèche dans l'immense fortune de ce duc!

Pourquoi n'affirmez-vous pas tout de suite que c'est moi qui suis cause que M. Ingres a quitté Dampierre?

CHAPITRE IX.

M. Ingres à Dampierre.

O puissance erratique de ce que l'on appelle la Mémoire, qui fait que notre esprit parcourt en un instant des orbites aussi vastes que celles des comètes! Voilà que mon biographe, avec ses folichonneries, me fait penser à M. Ingres; et je suis tenté de laisser un instant son petit méchant livre, qui veut être si méchant, pour causer avec vous, lecteur, d'un monde déjà bien trépassé.

Au temps où Louis-Philippe encombrait Versailles de tableaux commandés à l'aune et faits de même, M. le duc de Luynes méditait avec M. Ingres dans son château de Dampierre.

Magnifique antithèse, qui fit alors l'objet de toutes les conversations.

D'un côté, un roi, mais un roi sans goût, aidé de tout ce qu'il y avait de peintres dans son royaume, allait changer Versailles en un magasin de *bric-à-brac.*

De l'autre, un simple particulier, aidant un véritable artiste, allait faire de Dampierre le vrai Versailles du dix-neuvième siècle.

Et pourtant, que résulta-t-il de cette alliance, qui devait être si féconde ?

M. Ingres sortit un jour de Dampierre comme il y était entré, sans y avoir rien fait, et par conséquent sans y rien laisser.

Il sortit en faisant au jardinier un cadeau dont l'énormité occupa ce soir-là tout Paris. Il avait voulu payer, et payer au centuple, les légumes qu'il avait mangés à Dampierre.

Mais d'où vint ce discord entre le grand seigneur et l'artiste ? me voilà forcé de vous le dire.

CHAPITRE X.

La statue de Minerve.

Une des merveilles d'Athènes, vous le savez, lecteur, c'était la statue de Minerve.

Placée à l'extrémité du Parthénon, dans cette partie qu'on laissait découverte pour livrer passage à la fumée du sacrifice, de quelque côté qu'on abordât à Athènes, on la voyait s'élever au-dessus des murs du temple. C'est que sa taille n'était pas commune. Elle avait vingt-six coudées, à peu près trente-sept pieds; d'une main elle portait une lance, et de l'autre une Victoire haute de quatre coudées, environ cinq pieds huit pouces.

Lorsqu'il avait été question d'exécuter cette statue, Phidias, paraissant devant l'assemblée du peuple, avait demandé à n'employer que du marbre. L'éclat du marbre, avait-il dit, subsiste aussi longtemps que le marbre même, et le choix de cette matière n'imposera aucun sacrifice à la république. A ces mots, le peuple se récria, et, par acclamation, vota l'or et l'ivoire. Il voulut que ce fût l'or le plus pur, l'ivoire le plus beau et le plus cher.

Mais vous pouvez voir tout cela, et beaucoup d'autres choses encore concernant ce chef-d'œuvre antique, dans le *Voyage du jeune Anacharsis*. Je ne sais pourquoi je me donne tant de peine.

Il fait très-lourd aujourd'hui, et voilà que je m'endors....

CHAPITRE XI.

Reproches qu'elle fait au bonhomme.

A peine avais-je fermé les yeux, que Minerve m'est apparue.

Oui, grâce à mon biographe, je viens de voir ce que mon biographe n'a jamais vu et ne verra jamais, la Minerve du Parthénon. Seulement, au lieu de la Victoire de cinq pieds huit pouces, savez-vous ce qu'elle tenait de sa main gauche? ma *Biographie !*

— C'est toi, malheureux, s'est écriée Minerve, qui fais que je continue à ne plus exister que dans les récits de Valère Maxime, de Diodore de Sicile, de Pline, de Cicéron, de Plutarque, et de Pausanias ! Ce sont ces quarante mille francs, que tu parvins, par ton astuce, à soutirer à M. le duc de Luynes, ce grand protecteur des arts, qui ont mis à néant ma restauration.

— Eh ! madame, je vous vois ; vous existez encore !...

— Exister ainsi, est-ce exister ? Tandis que sans toi, grâce à M. le duc de Luynes, *le seul homme de ce siècle qui sache agir en grand seigneur*, et grâce aussi à M. Ingres, le seul artiste de ce siècle qui sache que ledit siècle ne peut avoir d'autre art que l'art du passé, j'allais revivre ! Il est vrai qu'au lieu de me trouver à Athènes, chez moi, je me serais trouvée à Dampierre, chez M. le duc de Luynes. Mais qu'importe ! j'allais revivre !

— En supposant, madame, que M. Simard, dont on avait fait choix pour remplir le rôle de Phidias, eût pu vous faire revivre.

— Tu ne sais donc pas qu'on avait relevé avec le plus grand soin et commenté avec le plus grand détail tout ce que Valère Maxime, Diodore de Sicile, Pline, Cicéron, Plutarque, et Pausanias, disent de moi ?

— Je le sais, et tout cela ne fait pas que M. Simard soit Phidias... Mais, dites-moi,

deviez-vous avoir vraiment trente-sept pieds
de haut, comme à Athènes?

— Non, pas tout à fait. Je ne devais en
avoir que dix-huit.

— Et vous appelez cela vous ressusciter !
Mais, en outre, confiez-moi la chose, deviez-
vous être en or ?

— En or ? non pas, mais en argent. L'argent, disait M. le duc de Luynes, fera tout
aussi bien...

— Et coûtera moins cher... Ah ! madame,
s'il était vrai que ce fût moi qui vous eût
empêchée de renaître ainsi, vous devriez
m'en remercier. Mais, en vérité, il n'en est
rien. Ne savez-vous pas, ô grande déesse,
comment la chose se fit ?

La dimension, comme la matière, avait été
arrêtée ; et M. Simard était déjà armé de ses
ébauchoirs. Mais voilà que M. Ingres ap-
porte d'Italie un fragment de statue qu'il déclare une copie fidèle de celle du Parthénon.
Selon lui, c'est ce fragment qui doit servir de
guide à M. Simard. Or, ce fragment, par la
disposition d'un des bras, qui est levé, con-
tredit à la fois les auteurs et les médailles,
qui s'accordent à démontrer que les deux
bras de la statue de Phidias étaient abaissés.

M. le duc de Luynes, s'appuyant de ces auteurs et de ces médailles, se permet des doutes sur la foi qu'il faut accorder à la fidélité de la copie proposée par M. Ingres. Mais celui-ci tient bon. Que lui importe ce qu'ont pu écrire Diodore de Sicile, Quintilien ou Pausanias? En vain on lui oppose les textes les plus formels, en vain on lui prouve qu'il va donner un démenti à toute l'antiquité : rien n'y fait; et M. de Luynes, ne pouvant se passer de l'aveu du peintre chargé de faire de Dampierre la merveille du monde, et ne voulant pas d'un autre côté, comme archéologue, abdiquer une conviction fondée sur tant de témoignages, donne contre-ordre à M. Simard.

— Oui, tout cela est vrai; mais tu ne dis pas la fin.

— C'est ainsi, je crois, que finit l'histoire. M. de Luynes fit une économie, moyennant ce différend, et, suivant moi, il fit bien.

— Non, non. M. de Luynes se ravisa. Il commanda deux statues pour satisfaire à toutes les exigences, une comme la voulait M. Ingres, l'autre selon les indications fournies par les auteurs et les médailles.

— Vous croyez cela, madame; vous qui

êtes la sagesse même, vous pouvez croire que cette double commande était sérieuse. Il y a des gens qui ont pensé que M. de Luynes voulut, en tournant la chose en ridicule, blesser M. Ingres et se débarrasser des traités qu'il avait faits avec lui.

— Ce sont des médisants. M. le duc de Luynes commanda deux statues. Ainsi, au lieu d'une, j'en aurais eu deux...

— Deux Phidias ! au lieu d'un.

— C'est toi, malheureux inventeur d'une typographie nouvelle, qui m'as empêchée de renaître !

CHAPITRE XII.

Comment le duc de Luynes croqua le bonhomme et ne fut pas croqué par lui.

Assurément, il sera fort étonné, le duc de Luynes, s'il lit ma *Biographie*.

Je le trouvai, ce duc, mais seulement trente ans après l'époque où il m'aurait été si utile. Je le rencontrai à l'Assemblée constituante. Il s'était placé au côté gauche, à peu de distance de moi ; il craignait, je crois, que la révolution ne devînt sérieuse. Et, un

jour que j'avais essayé vainement de lire
quelque chose à la tribune, il s'amusa à me
croquer ; il paraît que mon attitude lui plut.
Quand je revins à ma place, il me montra
mon portrait. Je vis qu'il savait dessiner.

Le croquis dont il m'est redevable est
peut-être dans un de ses *Albums*. Mais les
quarante mille francs qu'il m'a donnés sont
assurément encore dans sa cassette.

Voilà, mon biographe, un premier coup
de dé qui n'est pas à votre avantage, sous
le rapport de la vérité historique et de l'exac-
titude des faits.

Cherchons une autre marque.

CHAPITRE XIII.

Comment le bonhomme candide écrit d'un style ténébreux.

Page 46, une croix :

« Comme écrivain, Pierre Leroux a un
« style *ténébreux*, dont nous devons donner
« un spécimen :

« *L'amour*, dit-il quelque part, *est l'idéa-*
« *lité de la réalité d'une partie de la totalité de*
« *l'être infini, réunie à l'objectivité du moi et*

« *du non-moi* ; *car le moi et le non-moi* , *c'est*
« *lui.* »

Ah ! voilà qui est fort !... m'attribuer ef-
frontément une phrase qu'assurément je n'ai
jamais écrite et que pas un chat ne saurait
comprendre !

Et il continue, le scélérat, d'un air cafard :

« Qu'en dites-vous , chers lecteurs ! Des
« lignes aussi bizarres et aussi abstraites
« méritent , vous en conviendrez, d'être
« lues uniquement par l'homme qui les com-
« pose, et c'est là précisément ce qui arrive
« à notre héros.

« *Nous lui pardonnons ses ouvrages*, *puis-*
« *que la lecture en est impossible.* »

Lorsque je commençai à écrire, tous les
journaux dont je blessais les passions ou les
préjugés, le *Constitutionnel* et le *National* ,
aussi bien que la *Gazette* et l'*Etoile*, tom-
bèrent à l'envi sur moi. Ils croyaient me dé-
sarçonner.

Plus tard, ils employèrent la tactique.

Quand quelque chose de moi paraissait,
Silence ! silence ! disait-on dans toutes les
officines.

Je me rappelle ce brave Desloges (le

sourd de M. Marchangy, celui qui reçut *char-
bonniers* les sous-officiers de la Rochelle)
rongeant son frein au *National*. Deux choses
lui étaient positivement défendues par Carrel :
1° de parler des *prolétaires*, d'introduire ce
mot dans ses articles; 2° de discuter avec
moi.

Jamais le *Journal des Débats*, pendant le
quart de siècle que nous avons vécu côte à
côte, n'a cité le nom de mon journal ou de
ma revue, quoiqu'il m'ait bien souvent dé-
nigré.

On appelait cela *la conspiration du silence*.
Après Février, ce fut autre chose.

Quand je parlais à l'Assemblée, les journaux, dans leurs comptes rendus, avaient
bien soin de me prêter des amphigouris de
phrases où il était impossible de démêler aucun sens, afin que l'on dît : Voilà sa profon-
deur !

Et maintenant que je n'écris ni ne parle,
mon biographe donne des *spécimens* de mon
style, afin qu'on juge en dernier ressort que
la lecture de mes ouvrages est impossible !

Mais quel diable d'homme que mon biographe! comment a-t-il pu forger une pareille phrase !...

Je veux joûter contre lui. Où est mon Molière ?

SGANARELLE.—Entendez-vous le latin ?

GÉRONTE. — En aucune façon.

SGANARELLE, *se levant brusquement.*—Vous n'entendez point le latin ?

GÉRONTE. — Non.

SGANARELLE, avec enthousiasme.— *Cabricias arci thuram, catalamus, singulariter, nominativo ; hœc musa,* la muse ; *bonus, bona, bonum. Deus sanctus, est-ne oratio latinas ? etiam,* oui. *Quare?* pourquoi? *Quia substantivo et adjectivum concordat in generi, numerum, et casus.*

C'est un poëte comique que mon biographe! il rivalise avec Molière!...

Mais si cette phrase était empruntée à M. Cousin?... c'est-à-dire si le *Charivari* avait attribué cette phrase à M. Cousin, mon biographe ne serait plus le rival de Molière, il ne serait plus que le plagiaire du *Charivari.*

Au temps où M. Cousin voyageait en Allemagne, il en rapporta ces termes d'*objectivité,* de *subjectivité,* de *moi,* de *non-moi,* à quoi il joignit encore l'*idéalité* opposée à la *réalité,* et l'antithèse du *fini* et de l'*infini.*

Il fit manœuvrer tous ces termes, comme

il faisait manœuvrer ses *régiments piémontais.*
Ces termes-là, c'étaient ses régiments en philosophie, comme les soldats du roi de Pié-
mont lui servaient d'idées en politique.

Qu'arriva-t-il ? le public, ne voyant goutte
dans sa philosophie, se jeta sur les termes
dont il se servait, les prit en horreur, les
tourna en ridicule.

Ces termes n'étaient pourtant pas nouveaux
en France. Loin de là, ils avaient appartenu
à la France avant de passer en Allemagne.

Malebranche et Arnauld, par exemple,
dans leur controverse fameuse sur la réalité
des idées, s'en étaient amplement servis.

Mais le public, qui ne lisait plus ces vieux
livres, prit tout cela pour de l'allemand.

De là les plaisanteries sans fin du *Miroir,*
du *Figaro,* du *Corsaire,* du *Charivari,* sur le
moi et le *non-moi,* l'*objectivité,* la *subjectivité*
et le reste.

Les plus malins se mirent à imiter Molière.
Il leur semblait que M. Cousin débitait la
philosophie allemande comme Sganarelle le
latin.

Mon biographe, qui prend son bie.. partout
où il le trouve, n'a eu, le pauvre homme,
qu'à se baisser dans les annales comiques de

l'éclectisme, pour ramasser la phrase qu'il m'attribue.

CHAPITRE XIV.

Comment les disciples du bonhomme lui frappèrent une médaille.

Or sus, honnête homme qui fabriquez des *spécimens*, dites-moi si vous avez beaucoup de traits aussi ingénieux... Assurément j'en passe, et des meilleurs.

Mais que vois-je! Vous fabriquez donc aussi des *médailles!*

Au secours! lecteur, et jugez ce faussaire.

Page 57 :

« Messieurs du *National* dépêchent au plus
« vite le citoyen Trélat pour remuer Limo-
« ges et y combattre les prétentions du so-
« cialisme. Quelques milliers de voix sont
« enlevées à Pierre Leroux. Il n'a pas l'hon-
« neur d'être nommé représentant limousin.
« Mais l'élection de Paris le dédommage,
« et il arrive à la Chambre avec cent dix
« mille votes, en même temps que Louis-
« Bonaparte et Proudhon.

« Son premier discours, veuf de toute pro-
« fession de foi humanitaire, invite le pou-
« voir à coloniser l'Algérie.

« On l'écoute religieusement.

« Chacun s'étonne de trouver à l'un des
« ogres du socialisme un cachet de bonhomie
« si précieux, et de l'entendre proposer des
« choses si douces, si convenables, si déga-
« gées de perturbation.

« Ses collègues se disent à l'oreille :

« — Mais il est fort bien, ce garçon-là !
« d'honneur, il ne paraît pas méchant du
« tout.

« Le 15 juin, autre discours.

« Cette fois, la Chambre aperçoit un bout
« de l'oreille socialiste, et l'orateur est inter-
« rompu par d'assez violents murmures. Ses
« DISCIPLES, LE LENDEMAIN, LUI FONT FRAPPER
« UNE MÉDAILLE, sur la face de laquelle on
« lit : *République démocratique et sociale :*
« PIERRE LEROUX. Et sur le revers : ASSEM-
« BLÉE NATIONALE, séance du 15 Juin : *Depuis*
« *trois mois qu'avez-vous fait? Rien. Comme*
« *Malthus, vous aussi vous semblez admettre*
« *que si un pauvre naît là où un riche n'a pas*
« *besoin de ses services, ce pauvre doit se reti-*
« *rer du banquet de la vie.* »

Cet homme veut donc m'attribuer les journées de Juin !

Il parle d'une médaille que je n'ai jamais vue. C'est lui qni invente cette médaille, comme il a inventé le *spécimen* de mon style.

Si ce sont *mes disciples* qui, le 16 juin, ont fait frapper cette médaille, assurément ce sont eux qui ont pris les armes, et qui les ont fait prendre.

Ah ! mon ami a raison. Il est nécessaire que j'écrive mes Mémoires. Il faut que je dise clairement à qui appartiennent ces infàmes journées.

Mais convenez que cet homme a du talent. C'est bien là le libelliste que rien ne gêne et n'embarrasse. Il veut déprécier votre style, il invente un *spécimen*. Il veut déprécier votre vertu et votre raison, il invente une *médaille*.

Et comme tout, dans son récit, répond bien à l'idée générale qu'il a donnée d'un *bonhomme candide*, coupable innocemment de mille imprudences !

Je découvre une typographie nouvelle, et du coup je fais perdre quarante mille francs au duc de Luynes. Je monte le 15 juin à la tribune pour indiquer les moyens de termi-

ner la révolution *sans verser une seule goutte
de sang ;* et, le 16, mes disciples me frappent
une médaille et tirent des coups de fusil !

CHAPITRE XV.

Comment l'historien du bonhomme candide ne
reculait pas devant un anachronisme.

Je vous dis que rien ne l'embarrasse, cet
homme ! Voilà que, pour certaines raisons,
il a besoin de faire tomber mon livre *De
l'Humanité* en pleine révolution de 1848. J'a-
vais pourtant publié ce livre dix ans auparavant ! Mais que lui importe ?

Page 61 :

« M. Pierre Leroux publia vers cette épo-
« que son fameux livre *De l'Humanité,* etc. »

Un homme qui fabrique, au besoin, des
spécimens et des *médailles,* pouvait-il reculer
devant un anachronisme ?

CHAPITRE XVI.

Comment le bonhomme candide tendit les joues
à deux ou trois cents vachères.

Me voici à la page 72, encore une croix :

« Nous avons vu, de nos propres yeux vu,
« le saint apôtre présider, dans la plaine de
« Montrouge, le banquet des Bergers.

« O la noble fête républicaine !

« Agapes des premiers jours du Christia-
« nisme, où êtes-vous? Il est difficile de vous
« bien juger, à la distance où nous vous
« apercevons dans les siècles; mais, à coup
« sûr, vous n'avez jamais eu le cachet
« pittoresque et canaille des festins socialis-
« tes.

« Ivres de vin bleu... »

Permettez, mon biographe, permettez...
pourquoi dites-vous CANAILLE?... et pourquoi
IVRES?... personne n'était ivre... excepté vous
peut-être.

« Ivres de vin bleu, gorgés de veau froid,
« les hôtes de Montrouge... »

Vous auriez dû faire remarquer que bon
nombre de ces hôtes appartenaient au *fau-
bourg Saint-Marceau*, lequel a toujours eu la
réputation d'être habité par de la canaille.
Combien cela aurait servi à justifier le *cachet pittoresque et canaille* que vous donnez à
notre festin !

« Ivres de vin bleu, gorgés de veau froid,
« les hôtes de Montrouge couvrirent d'ap-

« plaudissements frénétiques un long dis-
« cours que prononça l'apôtre.

« Jamais il ne se montra plus tendre dans
« ses divagations : il parlait à des cœurs
« simples.

« Pour lui ce fut un beau triomphe et un
« beau jour. Le banquet avait lieu dans une
« immense étable, autour de laquelle circu-
« lait une foule curieuse.

« Tous les conviyes étaient des bergers ou
« des vachères.

« Une de ces dames, électrisée par l'élo-
« quence de Pierre Leroux, s'élança vers
« lui, en criant :

« *Il faut que je vous embrasse !*

« L'exemple fut contagieux. Un autre con-
« vive féminin demanda l'accolade à son
« tour; puis un troisième, puis dix, puis
« quarante.

« On ne compta plus.

« Ce fut un déluge de baisers. Le pudique
« philosophe tendit les joues à deux ou trois
« cents vachères. »

Eh bien ! mais... pourquoi mon ami a-t-il
marqué ce passage à l'encre rouge? Je ne
trouve dans ce récit rien de répréhensible,
rien qui porte atteinte à mon honneur.

Des vachères! est-ce un crime d'être vachère ?

Je n'ai jamais été embrassé par des princesses. Je suis content d'avoir été embrassé par des vachères.

Ah! mon biographe, si vous aviez eu du cœur, vous auriez pu sourire à cette scène, mais non pas d'un sourire méchant; je dis plus, vous auriez été attendri. .

C'était, lecteur, peu de temps après les journées de Juin.

On avait tué, des deux parts, onze mille hommes dans Paris.

Eh bien! devant cette *canaille*, je prononçai un discours pacifique, et cette *canaille* m'applaudit. Je dis que le socialisme triompherait par l'amour, par la raison, par le nombre aussi, mais par le nombre votant pacifiquement; et cette *canaille*, comme vous dites, mon biographe, cette *canaille en deuil* m'embrassa!

Ah! malheureux que vous êtes, vous ne sentez pas ce qu'il y a de bon dans la nature humaine!

CHAPITRE XVII.

Comment l'immaculée conception est un remède
victorieux préparé par la Providence.

Mais achevons de lire ce passage. J'en
étais au *déluge de baisers* :

« Quelques mois plus tard, nous le voyons
« assister au banquet des dames socialistes,
« en l'honneur desquelles il a renouvelé,
« dit-on, le mot hardi d'Olympe de Gouges :
« *Vous avez le droit, citoyennes, de monter à*
« *la tribune, puisque vous montez à l'échafaud.*
« L'émancipation politique et sociale de la
« femme est le dada favori de Pierre Leroux.
« Madame Sand n'a pas contribué médiocre-
« ment à le lui faire enfourcher, etc. »

Mais, encore une fois, pourquoi donc mon
ami a-t-il entouré ces lignes, et les a-t-il
marquées d'une croix à l'encre rouge ? Je ne
vois là rien qui me soit désagréable.

Peut-être la suite résoudra pour moi ce
problème.

Cherchons plus loin.

Page 79 :

« Heureusement la Providence est là pour

« réparer la sottise des hommes. *Du principe*
« *même du mal, elle fait découler un remède*
« *victorieux.* »

Je vois que mon ami ne s'est pas contenté
de faire ici une croix. Il a griffonné à la
marge, de son écriture la plus fine : « Sachez
« que l'immaculée-conception est la trans-
« formation jésuitique de l'idée socialiste de
« l'émancipation de la femme. »

Quelle singulière rêverie !

Mais c'est une folie que dit là mon ami !...

Eh! non... j'avais déjà pensé cela.

CHAPITRE XVIII.

Mon entretien avec deux jésuites de robe courte
ou longue.

Un jour, — il y a déjà bien longtemps, c'é-
tait après la réimpression en petit format de
mon *Discours aux philosophes,* — deux jésuites vinrent rue Saint-Benoît, nº 15, me demander un entretien.

C'étaient des jésuites de robe courte ; je
jugeai cela à leur costume : peut-être, néanmoins, étaient-ils de robe longue.

« — On a lu votre livre, me dirent-ils.

« — Qui? leur demandai-je.

« — Un comité... Ce que vous appelez un comité... Enfin, nous avons lu votre livre, et nous en sommes contents... Il n'y a pas une ligne, pas un mot à retrancher. Vous avez sondé profondément la plaie du siècle. Vous avez montré le *déficit* de la philosophie.

« Nul doute aussi, le christianisme, tel qu'il est compris, ne suffit pas.

« *Il faut transformer le christianisme.*

« Rien ne nous manque pour cette œuvre... L'argent, la position dans le monde qui sert à donner de l'argent, et qui sert aussi à *masquer les desseins* (oui, ils employèrent cette expression), nous avons tout.

« Voulez-vous contribuer à cette grande œuvre?

« Rien ne vous fera défaut.

« Est-ce une chaire que vous voulez? Nous allons ouvrir des écoles, des institutions, des collèges.

« Voulez-vous, et c'est plus probable, continuer à écrire? *Nous vous mettrons la bride sur le cou.*

« Nous avons déjà des journaux, et nous en aurons d'autres. Nous allons publier des livres.

« Ce que nous pouvons vous dire, ce que *nous sommes chargés de vous dire,* c'est que nous irons, dans la transformation à faire subir au christianisme, aussi loin qu'il est possible. »

Je répondis ; ils ne furent pas contents de moi, je ne les revis jamais... et c'est ce que je voulais.

C'est en 1841 qu'eut lieu cette conversation ; elle m'est aussi présente que si c'était hier.

CHAPITRE XIX.

Il ne reste plus au bonhomme qu'un pas à faire.

Mais laissons mes deux jésuites et continuons avec mon biographe.

Page 80, deux croix au lieu d'une :

« A l'heure qu'il est, *si Pierre Leroux n'est* « *point encore orthodoxe,* on peut dire qu'il « est essentiellement chrétien. *Nous ne sau-* « *rions trop insister sur ce point.* Pour lui, « comme pour ses disciples, *il ne reste plus* » *qu'un pas à faire.* »

Ah ! çà, mais... c'est certain... Je vois clairement que mon biographe est... comme

M. de Montalembert... *un serpent à l'ombre
d'un autel, au frais.*

CHAPITRE XX.

Mais le bonhomme ne veut point faire ce pas.

Un pas à faire ! rien qu'un petit pas !
Je relis encore !
« Pour Pierre Leroux, comme pour ses
« disciples, il ne reste qu'un pas à faire. »
Eh bien, dit le bonhomme, nous ne le
ferons point... ce pas !

CHAPITRE XXI.

En quel équipage le bonhomme candide débarqua
à Londres.

J'ai pris goût à mon biographe. Je ne vois
plus de croix, et pourtant je continue.
Tiens ! le voilà qui parle de ce qui m'est
arrivé depuis six ans... Mais cela m'intéresse.
Page 81 :
« Après les événements de Décembre,
« madame la comtesse d'Agout, Daniel
« Stern, cacha notre philosophe, au loge-

« ment duquel on faisait une perquisition
« rigoureuse. Pierre Leroux, âgé de cin-
« quante - cinq ans, n'était pas curieux
« d'expérimenter les douceurs d'un cachot
« politique.

« Les messieurs Péreire, ex-Saint-Simo-
« niens, lui obtiennent un sauf-conduit... »

Vous ne dites pas pourquoi je refusai d'a-
bord ce sauf-conduit quand on me l'offrit au
nom de M. de Morny, pourquoi je l'acceptai
ensuite venant par le canal de M. Collet-
Meygret, allié d'Isaac Péreire. C'est pourtant
là ce qu'il aurait fallu dire.

Ce sont mes pensées, au moment où je me
décidai à sortir de France, qu'il aurait fallu
rapporter. Je restai douze jours presque con-
tinuellement seul dans un appartement
inoccupé, considérant de temps en temps,
par manière de distraction, les soldats cam-
pés dans la rue. Je méditais... C'est cette
méditation qu'il aurait fallu donner dans ma
Biographie. En ces occasions-là, les vrais
poëtes et les grands historiens se font connaître. Ils savent, par divination au moins,
ce qu'ont pensé, ce qu'ont dit ceux qu'ils
mettent en scène. Ils sondent l'âme humaine et les destinées. Mais, pauvre homme

que vous êtes, vous ne savez faire que du décor, et encore quel décor! Vous vous attachez à mon habit troué, et vous ne voyez ni mon cœur percé de blessures, ni les pensées qui s'agitent dans ma tête.

« Madame la comtesse d'Agout lui donne « trois cents francs, et il part pour Londres « avec sa famille. »

Il faut que mon biographe ait été bien renseigné. Madame J'Agout me donna, en effet, trois cents francs, sans que j'eusse besoin de lui rien demander; elle devinait ma situation. Plus chanceux que beaucoup de mes collègues, j'avais pourtant touché, l'avant-veille du Coup-d'État, mon traitement de novembre. Mais le sac entier avait été remis par moi à Louis Nétré. Or, il arriva que, pendant la bataille, la femme d'un ouvrier de nos amis vint à faire ses couches. Louis vit la situation du ménage : six ou sept enfants et un nouveau-né; et pas de pain, pas de vêtements. Il donna la moitié du sac. Il employa l'autre en dépenses non moins légitimes, quoique d'un genre différent. Je partis donc pour Londres, emmenant ma femme et trois enfants, avec les cent écus dont l'amitié m'avait fait riche. Quand j'arri-

vai, mon magot était déjà fort endommagé.
Cependant, je dois dire qu'Émile Péreire et
Lemonnier me firent la faveur des secondes
places dans leurs wagons; je ne payai que
comme si j'avais voyagé dans les troisièmes.

« Bientôt il s'y trouve exposé à la plus
« terrible détresse. »

C'est encore vrai, c'est très-vrai...

Mais quoi ! vous n'en dites pas davantage !
vous ne dites pas pourquoi je tombai dans
cette détresse !

Ah ! mon Biographe, vous montrez là encore combien est mérité le reproche que je
vous faisais tout à l'heure; vous êtes insuf-
fisant.

Je vous le demande, pourquoi votre héros
(car je suis votre héros, puisque vous m'appelez ainsi et que vous êtes mon biographe),
pourquoi votre héros, dis-je, tomba-t-il dans
la plus horrible détresse ?

Il jouissait de quelque notoriété sur le con-
tinent, vous le dites à chaque page. N'avait-
il rien à apprendre à l'Angleterre, lui qui
avait vécu si longtemps au centre du mouve-
ment intellectuel de la France ?

Quoi ! ne pouvait-il écrire quelque article
dans les journaux, dans les revues ?

Il savait le français passablement : ne pouvait-il trouver assez de leçons pour vivre ? Il n'est pas, je crois, d'un grand luxe.

C'était donc un fainéant, un vaurien, que votre héros !

Ah ! je vois bien qu'il faut que je supplée à vos lacunes.

CHAPITRE XXII.

Comment le *Times* enseigne aux Anglais à user de la machine pneumatique avec les esprits dangereux.

Je lisais dernièrement dans le *Times* un article curieux et instructif.

C'était à propos de la mort de ce pauvre Worcell. On avait prononcé des discours démocratiques sur sa tombe, et des journaux français de crier : « Voilà l'Angleterre ! l'anarchie y a ses coudées libres. »

Là-dessus le *Times* : « Eh ! nos dignes alliés, nos aimables voisins, pourquoi vous fâchez-vous ? Voyez ce que deviennent avec nous les démocrates, les révolutionnaires, les utopistes, *tous les esprits dangereux*. Nous ne les mettons pas en prison, nous les lais-

sans mourir de leur belle mort. Nous leur
fermons nos demeures, nous ne les admet-
tons pas dans notre *home*, nous ne les re-
gardons pas, nous ne nous en occupons pas ;
ils s'éteignent bientôt dans le vide que nous
faisons autour d'eux. Nous trouvons fort bon
que vous vous serviez de Cayenne ; mais
laissez-nous user de la machine pneumatique, et fiez-vous à nous.

« Voyez ce Worcell ! Ce gentleman, nous
avons été charmés de l'apprendre, avait droit
dans son pays à une immense fortune ; il lui
aurait suffi d'un mot de soumission. Il a préféré la pauvreté. Quelqu'un a-t-il fait attention à lui en Angleterre ? Il y a pourtant
vécu bien des années, mais complétement
ignoré ; il y est mort impuissant.

« Que l'Europe nous envoie tous ses
brouillons : il en sera d'eux comme de Worcell, *il n'y a pas d'air ici pour eux.* »

Infâme journal qui flatte le *cant* anglais
pour faire de son île une Tauride, et qui proclame sans vergogne qu'il n'y a de considé-
ration en Angleterre que pour l'argent !

CHAPITRE XXIII.

Suite de l'histoire du bonhomme candide.

« Il rejoint à Jersey ses frères Jules et
« Charles, employés l'un et l'autre dans un
« atelier typographique. Mais les ressources
« partagées ne peuvent fournir à la nourri-
« ture commune. La famille de Pierre Leroux
« à Jersey se compose de trente et une per-
« sonnes. On dit que les savants n'engen-
« drent point... »

Les savants engendrent comme les autres.
Mais certains hommes, savants ou non, ont
des secrets pour... Tenez ! ce n'est pas le lieu
de causer de cela. Continuez, malheureux !

« Pierre fait mentir l'axiome. Il a eu neuf
« enfants de son double hymen. Ses frères,
« mariés eux-mêmes, ont une nombreuse
« progéniture. Notre philosophe ouvrit à Jer-
« sey un cours de phrénologie avec entrée
« payante. Il débuta par un magnifique por-
« trait de saint Augustin... »

Un magnifique portrait de saint Augustin !
Ce monsieur plaisante apparemment. Autrement, que deviendrait mon style ténébreux ?

et le *spécimen !* à moins que je ne sois devenu
tout à coup un grand écrivain en me rappro-
chant de l'orthodoxie.

« Un magnifique portrait de saint Augus-
« tin, capable de convaincre ceux qui doute-
« raient encore de la franchise de son re-
« tour... »

De son retour ! voyez-vous le petit serpent !

«... De son retour et de sa prédilection
« sincère pour les hommes comme pour les
« choses de la religion. »

Ceci cache ou révèle une insinuation per-
fide. Mais vous voilà bien attrapé ! Ce portrait
de saint Augustin est un emprunt que je me
faisais à moi-même, comme j'en avertis mes
auditeurs.

« Ce morceau d'éloquence chrétienne est
« imprimé ; chacun peut le lire... »

Il est imprimé tout au long dans l'Encyclopédie nouvelle (Paris, librairie de Ch.
Gosselin, 1836). Ainsi il y a juste vingt-trois
ans qu'il a paru pour la première fois. Voyez
comme j'ai changé !

« Pascal et Bossuet ne le désavoueraient
« pas. »

Pascal et Bossuet n'ont pu penser comme
moi sur saint Augustin !

« Malheureusement Pierre Leroux, qui
« très-souvent manque de lucidité pour ses
« compatriotes, fut beaucoup moins clair en-
« core pour des Anglais. Après s'être mon-
« trés assidus pendant quelques semaines,
« ceux-ci ne vinrent plus à son cours. Sa-
« chant l'état de misère de la pauvre famille,
« Jean Reynaud s'empressa d'organiser une
« souscription à Paris. Quelques milliers de
« francs, expédiés au philosophe, arrivèrent
« à propos pour l'aider à résoudre son pro-
« blème du *Circulus*. »

Merci! mon biographe; j'aime qu'on publie
les services que m'ont pu rendre mes amis,
et j'aime aussi qu'on fasse connaître le *Circulus*.

CHAPITRE XXIV.

Où le bonhomme candide pardonne à son biographe.

Quoi! mon biographe se donne ici la peine
d'emprunter à ma *Réfutation de Malthus* quelques pages sur le *Circulus!* Mais vraiment je
suis comblé.

Passons... j'ai hâte de voir comment a fini

le bonhomme. C'est un charme, en vérité, de
lire ses faits et gestes recueillis encore chauds,
et racontés au public. Je me trouve dans la
même position que Sancho, après sa première sortie. Sancho ne revenait pas de son
étonnement, ni moi non plus. Seulement il
trouvait qu'on l'avait un peu défiguré.

Nous voici à la terminaison :

« Il veut associer les hommes en les grou-
« pant. Mais cela ne suffit pas; il faut avoir
« le moyen de les nourrir dans l'association.

« Donc, il se préoccupe, depuis son arri-
« vée à Jersey, de l'emploi d'une sorte de
« guano qui rendrait fertile le sol le plus in-
« grat.

« N'ayant pas un pouce de terre à sa dis-
« position, le vieux socialiste eut la cons-
« tance de répandre cet engrais sur la berge
« des chemins.

« Au bout de sept à huit jours, il allait
« constater le résultat.

« Un gazon magnifique et luxuriant crois-
« sait partout.

« Les propriétaires de l'île, qui font un
« grand commerce de fleurs et de fruits pour
« Londres, adoptent les procédés de Pierre
« Leroux, s'en trouvent à merveille, et lui

« témoignent de temps à autre leur recon-
« naissance par un banquet. »

Il n'y a encore rien à dire à tout cela.

Allons! allons! plus de reproches à mon
biographe.

Je lui remets toutes ses offenses (que Dieu
lui remette ses mensonges... et surtout son
spécimen et sa *médaille !*) Quant à moi, je lui
pardonne. Qu'il soit comme la femme adul-
tère, que le Christ mit hors de cause parce
qu'elle avait beaucoup aimé. Moi, je l'amnis-
tie, parce qu'il a popularisé autant qu'il était
en lui le *Circulus*.

Je le trouve bien supérieur, comme mora-
lité, à MM. tels et tels

CHAPITRE XXV.

Un professeur d'agriculture.

Il y en a qui ont reçu de nous l'enseigne-
ment d'une grande loi naturelle, qui en ont
plaisanté, qui n'ont vu là qu'une idée agro-
nomique comme une autre, qui n'ont pas
compris que c'était une idée philosophique
de premier ordre et la réfutation des sophis-
mes désolants de Malthus, lequel tenait en

échec l'humanité depuis plus d'un demi-siècle. Ils nous ont vu pratiquer cette idée à Boussac, cultiver la terre pour cette idée, afin de la faire adopter; ils ont ri de plus belle. Et aujourd'hui que l'Angleterre a reçu de nous cette idée et la pratique, ils ne rient plus, mais lâchement ils nous suppriment. Ils vont écrivant,—par exemple, l'autre jour, Victor de Tulle, dans je ne sais quel journal, — que c'est un fermier du Yorkshire qui est l'inventeur de la théorie du *Circulus*. Par là même, ils ôtent à cette idée son caractère de généralité philosophique pour n'en faire qu'une découverte comme celle de la pomme de terre. Est-ce sotte jalousie, est-ce ignorance, je n'en sais rien. Je croirais volontiers que c'est absence de toute espèce de génie. Il y a des gens qui ne connaissent pas, qui ne connaîtront jamais le rapport qu'il y a entre une idée et un fait, de vrais Épiméthées.

Prométhée, Épiméthée : deux frères à la fois unis et séparés, l'un qui voit déjà *le fait* quand il n'est encore qu'à l'état d'invisible, l'autre qui ne voit *l'idée* que quand elle est devenue un fait.

CHAPITRE XXVI.

Je ne suis pas stoïcien de doctrine.

— Allons ! te voilà encore qui pleures et qui grondes , parce qu'on dédaigne tes idées...

— Eh ! pourquoi pas ? Je ne suis point stoïcien de doctrine : comment le serais-je ? je professe le dogme de là solidarité humaine. Impossible à moi de ressembler à ce sophiste qui, tourmenté de la goutte, s'écriait : « O douleur ! je n'avouerai jamais que tu sois un mal. »

Je crois qu'Épiméthée fait souvent, même à son insu, beaucoup de mal à Prométhée.

On reprochait à Saint-Simon de défendre ses idées comme il aurait défendu sa vie et son honneur. Il répondit :

« Le savant passionné » (et pour Saint-Simon tout savant non passionné était nul), « le savant passionné est complétement « identifié à la proposition qu'il avance, et « ses opinions prennent nécessairement le « caractère de la personnalité. Voir les cho- « ses autrement , c'est ne pas les voir

« telles qu'elles sont. Désirer qu'elles soient
« autrement, c'est désirer qu'elles changent
« de nature, ce qui est une extravagance. »

CHAPITRE XXVII.

Prométhée et Épiméthée.

On m'a donné, l'autre jour, un petit morceau d'un fil de cuivre entouré de résine.

Quoi ! avec ce simple fil les hommes com-
muniqueront d'un bout de la terre à l'autre,
et seront partout à la fois ! Mais c'est le vrai
fil d'Ariane, qui nous délivre enfin du La-
byrinthe !

Épiméthée voit aujourd'hui que l'Europe
et l'Amérique communiquent ensemble ; je
le crois bien ! c'est *un fait*. La force invisible qui attire l'aimant vers le pôle, ou plutôt
la force invisible qui unit sympathiquement
tous les êtres, est devenue un télégraphe.
Épiméthée ne peut s'empêcher de le voir.
Mais quand Prométhée, sous la forme d'un
capitaine du génie, présentait, il y a vingt
ans, à l'Académie des Sciences *l'idée* d'un
télégraphe électrique, l'Académie, par l'or-
gane d'une commission, déclarait le projet

inexécutable, bon tout au plus à fabriquer un joujou pour un cabinet de physique.

La force qui conduit aujourd'hui les vaisseaux et les locomotives, se jouait de toute éternité dans la nature, où elle produisait de temps à autre les révolutions des volcans. Mais, pour s'être douté que l'homme pouvait s'emparer de cette force et s'en servir, Salomon de Causs a été traité d'insensé.

CHAPITRE XXVIII.

Anne, ma sœur Anne, ne vois-tu rien venir ?

Épiméthée voit-il ce qui viendra un jour par le chemin de fer, et ce qu'annonce le télégraphe ?

Non, il ne voit que le chemin de fer et le télégraphe.

Si on lui parle de synthèse nouvelle et de religion de l'humanité, Épiméthée détourne la tête et ricane.

Qu'est-ce qu'une religion pour lui, à moins qu'elle ne soit déjà vieille et qu'elle n'ait des temples et des autels ?

CHAPITRE XXIX.

Solidarité. — Triade. — Circulus.

Je voudrais savoir si Épiméthée devine ce qui sortira de ces trois termes que j'ai pris pour devise :

SOLIDARITÉ — TRIADE — CIRCULUS.

Oh ! non, il n'en augure rien; ce sont pour lui trois mots dont il ne saisit pas la valeur. Comment verrait-il la métaphysique renouvelée dans l'un, la morale régénérée dans le second, l'économie politique ramenée au vrai dans le troisième?

CHAPITRE XXX.

Saint-Simon est mort sur des fagots.

Je lisais l'autre jour cette pensée : « Dans « chaque âge, aucune découverte n'est plus « haute que la conception religieuse. »

Puisque notre siècle est, comme on le dit, le siècle des découvertes, n'est-il pas probable qu'il s'y mûrit aussi quelque conception religieuse ?

Comme ces conceptions sont les plus hautes, elles sont les plus inaccessibles à Épiméthée.

Aussi, de tous les inventeurs, les plus méconnus, les plus vilipendés de leur temps, les plus conspués, ce sont les découvreurs de vérités générales ou religieuses.

Je causais de Saint-Simon avec un de ces illustres qui ont gouverné la France au temps de Louis-Philippe. « Que me parlez-vous de « cet homme ! me dit-il ; *il est mort sur des* « *fagots !*

« C'était un mendiant, ajouta-t-il, un parasite... »

Néanmoins, tout ce qui pense aujourd'hui pense à travers le cerveau de ce parasite ; et le *fait* se traîne, en boitant, vers la réalisation des chimères léguées à l'humanité par ce mendiant.

CHAPITRE XXXI.

Je pourrai bien mourir de même.

Et moi aussi, je suis pour eux un mendiant et un parasite !...

CHAPITRE XXXII.

Revenons à Victor de Tulle.

Quel Épiméthée que ce Victor de Tulle, transformé en professeur d'agriculture, qui, parce que l'idée suprême de l'agriculture, l'idée du CERCLE NATUREL, lui arrive d'Angleterre avec de grands *hourrahs*, oublie ses amis de Boussac, et professe que le découverte est *anglaise !* Il a peur du ridicule qu'on a jeté en France sur cette théorie. Il a peur de passer pour socialiste. Et puis la compagnie financière qui va se former pour utiliser à son profit le *sewage* des prolétaires de Paris, ne serait pas bien aise qu'une idée si utile eût une origine pareille.

CHAPITRE XXXIII.

Son injustice.

Je pense que Victor de Tulle a été vivement sollicité par mon ami Gustave Sandré, d'insérer dans son journal une rectification au sujet de ses articles, et qu'il s'y est obstinément refusé ; ce qui a rempli Sandré d'indignation.

Quelle injustice, en effet, non pas envers moi seul, mais envers tant de nobles amis qui, sous ses yeux, se sont livrés aux travaux réputés les plus vils pour instruire l'ignorance humaine ! quel mépris du témoignage de tous ceux qui participèrent à cette expérience : mes trois frères, Ulysse Charpentier, Grégoire Champseix, Louis Nétré, Ernest Lebloys, Adolphe Berteault, Luc Desages, Auguste Desmoulins, Alfred Frézières, Pauline Roland, sans compter ceux qui vinrent souvent vivre des mois entiers auprès de nous : Philippe Faure, les deux frères Soudan, Marcelin Dussoubs, Paul Rochery, Émile Aucante, Henri Touchet, Collet le tisserand, etc., etc.; et ceux qui, nés dans le pays même où nous faisions notre expérience, se joignirent à nous, comme Victor Vincent; sans parler aussi de notre amie George Sand, dont le Nohant joignait presque Boussac. Quand Victor de Tulle ira visiter à Nohant cette noble amie que nous lui fîmes connaître, qu'il fasse quinze lieues de plus, qu'il pousse jusqu'à Boussac, et il y retrouvera ceux de nos compagnons que nous fûmes obligés d'abandonner dans cette solitude de la Creuse, quand les sbires de la République vinrent dissoudre notre établissement, et qui continuent encore aujourd'hui à apprendre aux Marchois le secret de leur profonde misère. O pauvre Fichte, généreux Hylas, d'ouvriers des villes devenus journaliers dans les campagnes pour y *professer* la théorie du *Circulus*, combien vous me semblez supérieurs à ce *professeur* d'agriculture qui vous dédaigne !

Nous passâmes quatre ans dans un désert, sur une montagne aride, pour montrer que l'économie politique avait une autre issue que l'éternel prolétariat ;—que la loi de Malthus était fausse ; — qu'il y avait un CERCLE NATUREL antérieur et supérieur à la circulation des économistes ; — que, de par la nature, tout homme était producteur, et même exactement reproducteur de sa consommation.

CHAPITRE XXXIV.

Une promenade dans Londres.

O souvenir du passé! sentiment de nous-même ! conscience du bien que nous avons voulu faire ! joie légitime que nous tirons de nos travaux et des efforts tentés par nous pour servir l humanité ! venez à notre aide, venez nous faire oublier l'injustice de cet Épiméthée.

Je pense avec bonheur que pas un seul de ceux qui ont compris la doctrine de l'humanité ne l'a trahie, ne l'a abandonnée ; que les uns sont morts pour en témoigner ; que les autres souffrent avec moi, ou loin de moi.

Quant à cet homme qui, sur un point de cette doctrine, nous refuse son témoignage, il nous le donne néanmoins sans le savoir, puisqu'il proclame si haut que la pratique d cette idée répandra partout la richesse, son tort, encore une fois, c'est de ne pas comprendre le rapport qu'il y a entre une idée et un fait.

Si je lui racontais ma promenade dans Londres ! Si je lui donnais mon explication de la prophétie d'Ezéchiel ! Il est certain qu'il ne l'aurait jamais comprise de lui-même, cette prophétie. Eût-il vécu cent ans, il eût, cent ans durant, répété à ce sujet le persiflage de Voltaire.

CHAPITRE XXXV.

Ouvrier qui demande du travail.

Un jour, donc, à Londres, devant l'église Saint-Paul, du côté où la circulation des voitures est interdite, je vis dans la rue, à quelques pas du trottoir, un objet que tous les passants s'arrêtaient à regarder.

C'était un homme dans la force de l'âge, de taille moyenne, et qui paraissait très-robuste. Il se tenait droit, dans une complète immobilité, la tête inclinée, les yeux baissés vers la terre. Un de ses bras était pendant et collé sur sa blouse, tandis qu'avec l'autre il pressait transversalement sur sa poitrine le manche d'une de ces pelles en bois dont on se sert pour les terrassements. Le plat de cette pelle était à la hauteur de la tête de l'homme, et présentait à lire aux passants cette inscription : *Ouvrier qui demande du travail.* La phrase anglaise était écrite à la craie, en lettres grossièrement tracées, avec plusieurs fautes d'orthographe.

Ce prolétaire ne ressemblait pas, je vous assure, au Spartacus des Tuileries ; il res-

semblait plutôt au barbare vaincu des caria-
tides antiques. Et pourtant, cette manière de
se *pavoiser* de l'instrument de son labeur,
comme un soldat s'envelopperait de son dra-
peau, avait quelque chose de saisissant.

CHAPITRE XXXVI.

On l'aura conduit au Work-House.

« Voilà un homme, me dis-je ; *il existe,
donc il a le droit d'exister.* Et pourtant, un
autre homme, Malthus, déclare qu'il n'a pas
droit de vivre. »

Je regardai la foule qui l'entourait. C'était
l'heure où les belles dames fréquentent les
magasins de mode et les boutiques de confi-
seurs : on s'arrêtait, on l'examinait de la tête
aux pieds, on déchiffrait ce qui était écrit sur
sa bêche, et on passait son chemin. Je m'ap-
prochai, et lui mis une petite pièce de mon-
naie dans la main. J'étais presque aussi pauvre que lui, et j'avais, moi aussi, *besoin de
travail.* Est-ce pour cela que je fus plus sen-
sible qu'un autre à sa peine, et faut-il répé-
ter encore le mot si profond de Virgile : *Non
ignora mali...*

Quand je revins, deux heures après, je le
retrouvai dans la même position. Il attendait
toujours du travail ! On l'aura conduit le soir
au *Work-House.*

CHAPITRE XXXVII.

Exhibition humaine.— L'homme changé en balais
ou en mur ambulant.

Je m'éloignai, l'âme pleine de tristesse, en
songeant aux *millions d'indigents* que les sta-
tistiques constatent. La France n'a rien à
envier sous ce rapport à l'Angleterre, ni
l'Angleterre à la France.

Et je pensais aussi avec amertume que
DEPUIS VINGT ANS j'ai le secret de cette misère, que ce secret je l'ai dit, et qu'à l'ex-
ception de quelques amis qui ont bravé le
ridicule avec moi, personne n'a voulu m'é-
couter !

Tout en marchant au milieu de la foule, je
voyais à chaque instant des enfants et des
vieillards quitter le bord des trottoirs, et se
précipiter, un balai à la main, sur les pas des
chevaux, au risque de se faire écraser. «Ville
stupide ! m'écriai-je en moi-même, où les

hommes estiment les déjections des chevaux et jettent les leurs dans la Tamise ! Il semble qu'il n'y a qu'à voir agir cette nuée de pauvres gens pour comprendre que le fumier des villes est une richesse ; et pourtant toutes ces maisons, toutes ces rues, sont précieusement *tuyautées* pour perdre cette richesse ! Que la folie humaine est grande ! Il n'y a pas un de ces malheureux qui se ruent sous les chevaux, *qui ne pût vivre en utilisant son propre fumier.* »

A tous les carrefours, d'autres vieillards, d'autres enfants, sollicitaient par signes la pitié des passants en leur frayant un sentier dans la boue pour traverser d'une rue à une autre : balayeurs-mendiants, en faveur de qui la police oublie que la mendicité est interdite. Elle a tant de pauvres, d'ailleurs, à enfermer, cette police, qu'elle peut bien permettre à quelques-uns de présenter l'échantillon de la nature humaine réduite à l'état complet d'esclavage. J'ai entendu dire à Londres, que c'est en effet pour maintenir le dogme salutaire de différentes espèces dans l'espèce humaine, que cette triste exhibition est faite. Cela est-il vrai ? je l'ignore ; mais quand on a vu ces malheureux, qui ne sont

plus des hommes, mais des balais, et ces
autres malheureux qui ne sont plus des hommes, mais des affiches et des murs ambu-
lants, il est sûr que, malgré soi, on croit
moins à l'égalité humaine !

CHAPITRE XXXVIII.

Les Malais à Londres.

Mais parmi eux, de distance en distance,
se montraient à moi d'autres hommes qui
inspirent, s'il se peut, plus de pitié, les infor-
tunés Malais !

Je n'ai rien vû de plus triste que le spec-
tacle que présentent ces enfants de l'Asie
prosternés devant leurs ravisseurs. Ils semblent autant de spectres venus de l'Orient
pour reprocher à l'Angleterre les crimes de
son commerce.

Vos capitaines les ont enlevés, quand ils
en avaient besoin, pour combler le vide de
leurs équipages ; ils ont servi alors à sauver
vos vaisseaux, à les ramener dans les mers
d'Europe. Pourquoi les laissez-vous mourir
de phthisie, à demi-nus, sous votre ciel de
brouillards ? Pourquoi ne forcez-vous pas vos

navires à les rendre à leur soleil, à leur patrie?

Est-ce pour qu'on puisse voir l'aspect qu'a la douleur chez les insulaires de l'Océan Pacifique, et qu'on puisse contempler la folie sur des hommes à peau jaune, que vous laissez aussi ces malheureux demander l'aumône, un balai à la main!

Demander!... de quel mot me suis-je servi? Ils sont muets comme la tombe; muets comme si la nature ne leur avait pas donné la faculté de parler, comme s'ils n'avaient pas reçu de leurs pères un dialecte émané de la langue dont toutes les langues sont sorties, dont toutes les sciences sont issues. Mais avec qui voulez-vous qu'ils parlent leur langue, et comment voulez-vous qu'ils apprennent la vôtre? Silencieux, ils semblent plongés dans un rêve; on dirait que leur âme est en Orient; ils assistent à la vie de l'Europe sans la voir, d'un œil terne et égaré.

CHAPITRE XXXIX.

L'Irlande, toujours l'Irlande.

Comme les grandes villes m'ont toujours produit le même effet que je suppose que

Londres produit aux Malais, et comme je ne
peux y vivre sans que mon âme soit ailleurs,
involontairement je me détourne des rues où
s'étale le luxe. Je quittai *Fleet-Street* et tra-
versai ce qu'on appelle à Londres des *îles*.

Dans le langage de Londres, les *îles* sont
les quartiers qui distancent les grandes voies
de communication. Ces grandes voies sont
appelées les *artères*. A ce compte, il est per-
mis de considérer comme les *veines* de la
ville, toutes ces rues, tous ces passages, qui
se ramifient dans les *îles*.

Le sang est d'un rouge brillant dans les
artères, il est noir dans les veines. De même,
tandis que la richesse s'étale dans les grandes voies de Londres, la misère s'étale dans
les rues prochaines. Chaque grande rue de
Londres est pour ainsi dire doublée d'une ou
plutôt de dix rues où, au lieu de boutiques
somptueuses ou de palais, on ne découvre
que la pauvreté.

Je vis des rues où grouillait une population de pauvres ; des enfants sans bas, sans
souliers, au milieu de la boue (on voit cela
hiver comme été); des femmes presque nues,
couvertes souvent d'habits d'hommes... Je
pensai à l'Irlande !

CHAPITRE XL.

Le quartier des Français.

J'arrivai ainsi à notre Irlande française, à
ce qu'on nomme à Londres le *quartier des
Français*. La misère habituelle de ce quartier
a eu ce qu'on pourrait appeler ses Satur
nales, lorsque des centaines d'exilés vinrent
s'y réfugier. O hospitalité de l'Angleterre, tu
te montras là ce que tu es : la liberté politique, mais la liberté aussi de mourir de faim.
Quel secours Albion donna-t-elle à tant de
victimes? Aucun, absolument aucun. Il est
vrai qu'elles ne s'abaissèrent pas à implorer.
Mais les forêts n'auraient pas été plus sour-
des, ni les abîmes de la mer plus impitoya-
bles. Je vis, ce jour-là, ce qui se vit pendant
des mois entiers, des hommes, des femmes,
des enfants, logés dans une espèce d'étable,
couchés pêle-mêle sur la paille! Tous les mal-
heurs de mon pays me revinrent en mémoire.

CHAPITRE XLI.

Les cent mille prostituées de Londres.

Au bout du Strand, je pris le passage qui

conduit à l'embarcadère du pont de West-
minster. On descend par de noirs escaliers de
granit entre deux grands murs noirs ; on suit
une allée obscure qui s'incline en pente, et
l'on entre dans des cryptes. Les percées de
jour qui viennent des diverses issues où abou-
tissent ces souterrains servent à se diriger ;
on a aussi quelques becs de gaz. Il m'a toujours paru étonnant qu'il existât non pas
une, mais dix cavernes semblables, à Londres, à cent pas de rues insolentes de luxe.
Celle où j'étais rappelle la description que les
poëtes font de l'entrée des Enfers ; car on y
voit des espèces de larves fuyant dans ces
ténèbres visibles, se montrant dans le demi-
jour, et s'enfonçant dans l'horreur de la nuit ;
ce sont de malheureuses femmes que la misère condamne à la prostitution et au vol. Je
pensai aux cent mille prostituées de Londres !

La navrante et énergique peinture qu'une
femme courageuse et trop hardie peut-être,
que j'ai vue autrefois, et que la mort a bientôt enlevée, Flora Tristan, a faite des débau-
ches *à l'anglaise*, me revint en mémoire.
« Malédiction ! me dis-je ; à voir les horreurs
de la civilisation, on croirait volontiers que
le démon existe. »

CHAPITRE XLII.

L'air pur de la Tamise.

Sorti de cet antre, je pris le bateau à vapeur qui remontait au pont de Chelsea. Il m'eût été doux de respirer un air pur. De l'air pur, est-ce qu'on en respire sur la Tamise ? Les émanations de la Tamise étaient ce jour-là ce qu'elles sont toujours, un véritable poison !

CHAPITRE XLIII.

La prophétie d'Ezéchiel.

Maintenant, lecteur, une fausse délicatesse vous empêchera-t-elle de me suivre plus loin ?... Si je vous dis que la Carthage moderne ne sait, comme l'ancienne, qu'égorger des enfants à Moloch, et qu'il en est ainsi de toutes les nations, puisque *la misère règne chez toutes*, vous m'écouterez ; mais si je vous parle du remède, si je dis ce que j'ai fait, moi, sans fausse délicatesse, pour signaler ce remède plus énergiquement encore que je ne l'avais fait jusque-là, voudrez-vous m'entendre ?

Vous lisez pourtant dévotement dans la Bible ce que Dieu ordonna à Ezéchiel.

Comment Dieu exprime-t-il *la famine qu'il y aura dans Jérusalem ?*

Dieu ordonne au prophète de SE FAIRE DU PAIN AVEC LES EXCRÉMENTS HUMAINS,..

Le prophète ne comprend pas l'ordre de Dieu, sa délicatesse se révolte, et il s'écrie : « Ah! ah! Seigneur Éternel, voici! mon âme « n'a point été souillée, et je n'ai point « mangé d'aucune bête morte d'elle-même, « ou déchirée par les bêtes sauvages, depuis « ma jeunesse jusqu'à présent, et aucune « chair impure n'est entrée dans ma bou- « che. »

Sur cela, Dieu continue : « Voici! je te « donne la fiente des bœufs, au lieu de la « fiente de l'homme; et tu feras ton pain « avec cette fiente. »

Puis aussitôt il ajoute: « Voici! je vais « rompre le bâton du pain de Jérusalem, et « ils mangeront du pain au poids avec cha- « grin, ils boiront l'eau par mesure et avec « étonnement, parce que le pain et l'eau leur « manqueront; et ils seront étonnés, se re- « gardant l'un l'autre; et ils fondront, à « cause de leur iniquité. »

Or, il est bien démontré pour moi que si les hommes *mangent leur pain au poids avec chagrin*, si *le pain leur manque*, si *l'eau* de leurs villes est empoisonnée, s'ils *sont étonnés, se regardant l'un l'autre*, et s'ils *fondent à cause de leur iniquité* : il est bien démontré, dis-je, pour moi, que c'est parce que les hommes ne suivent pas le conseil que Dieu donna à Ezéchiel de FAIRE DU PAIN AVEC LES EXCRÉMENTS HUMAINS.

CHAPITRE XLIV.

Je résolus ce jour-là de suivre le conseil de Dieu.

Je résolus donc, ce jour-là, de suivre le conseil de Dieu.

J'allai acheter un vieux mortier de fer que j'avais vu à vendre dans le *Borough*, et je l'emportai moi-même avec assez de peine. J'allai ensuite chercher une charge de sabl de la Tamise au pont du Vauxhall. Je passa ce sable à plusieurs eaux, afin d'être bien certain qu'il ne renfermait plus de terre. Je le pilai et le réduisis en poussière aussi fine que je pus.

Je pris ensuite du charbon de terre, que je pilai.

Je pris des cendres de notre foyer, c'est-à-dire des cendres de houille.

Je pris enfin de la brique, que je pilai également.

Je fis, en mêlant ces substances, une poudre *minéro-végétale*.

Je mêlai cette poudre avec mon urine et mes excréments, et j'obtins *de la terre*.

Je découvris ensuite que la quantité de matière excrémentielle que chaque homme donne dans un jour, peut servir à composer *vingt-cinq livres de terre végétale*.

Je fis faire deux caisses, élevées sur des poteaux; je les remplis de cette terre. J'y semai des haricots. La saison était très-avancée. Les haricots germèrent, poussèrent, se couvrirent de feuilles, de fleurs, de graines. Je les ai vus portant de belles gousses; et un de mes amis qui est à Jersey, en a fait la récolte après que j'eus quitté Londres.

J'avais expliqué la leçon de sagesse que Dieu donne à l'homme dans la vision d'Ezéchiel.

J'avais démontré que L'HOMME EST REPRODUCTEUR DE SA SUBSISTANCE.

CHAPITRE XLV.

Une conversation entre un journaliste et un biographe dans un certain nombre d'années.

Je m'imagine mon biographe, dans un certain nombre d'années, se rencontrant avec Victor de Tulle, cette ancienne connaissance à moi, qui n'ose pas rendre témoignage à la vérité. La scène se passe, je suppose, à la Bibliothèque de la rue de Richelieu, si elle existe encore, ce que je souhaite ; car je ne suis pas partisan du feu comme Omar (en admettant qu'on n'ait pas calomnié Omar).

Victor de Tulle, *fermant un grand journal in-folio, pendant qu'*Eugène de Mirecourt *achève de parcourir un petit volume in-18 :* — Comme nos aieux étaient lourds et stupides !

Eugène de Mirecourt. — Je suis de votre avis.

Victor de Tulle. — Je m'occupe de recherches sur l'agriculture.

Eugène de Mirecourt. — Et moi, je fais des *Biographies.*

Victor de Tulle. — Imaginez-vous que

6

nos pères étaient si bêtes, qu'ils se sont moqués pendant vingt ans de l'idée du *Circulus*.

EUGÈNE DE MIRECOURT. — C'est inconcevable ! une idée si simple, si claire, qui se lit en caractères si évidents dans toute la nature !

VICTOR DE TULLE. — Ils ne concevaient pas qu'étant consommateurs par nature, ils étaient en même temps producteurs par nature, et qu'ils ne pouvaient pas être l'un sans l'autre.

EUGÈNE DE MIRECOURT. — Bah ! vraiment ! Et comment donc s'imaginaient-ils que les choses se passaient ? Ne mangeaient-ils pas tous les jours ? . . .

VICTOR DE TULLE. — Oh ! pour manger, il y en avait qui mangeaient beaucoup. Ce qu'ils nommaient gastronomie avait ses adeptes, ses législateurs, et ses poëtes. On était même d'autant plus distingué qu'on mangeait mieux.

EUGÈNE DE MIRECOURT. — Mais n'avaient-ils pas encore d'autres besoins ?

VICTOR DE TULLE. — On aurait bien ri de vous, si vous aviez osé supposer que ces autres besoins pouvaient avoir un but dans la nature.

EUGÈNE DE MIRECOURT. — Mais quoi ! leurs agriculteurs n'employaient-ils pas les engrais ?

VICTOR DE TULLE. — Assurément; et c'est là ce qui rend plus étonnante leur stupidité. Ils employaient l'engrais des bestiaux et laissaient perdre l'engrais humain.

EUGÈNE DE MIRECOURT. — C'est fabuleux !

VICTOR DE TULLE. — Par exemple, en France, ils étaient trente-six millions d'hommes qui laissaient leurs excréments infecter leurs maisons, l'air de leurs villes et de leurs villages, empoisonner leurs ports et leurs rivières, se contentant d'utiliser l'engrais d'environ dix millions de bœufs, vaches, etc., composant leur bétail.

EUGÈNE DE MIRECOURT. — C'est fabuleux, encore une fois.

VICTOR DE TULLE. — Il fallut qu'il vînt un théologien pour leur apprendre que « Dieu « n'avait pas pu créer un être qui ne fût « point reproducteur de sa subsistance par « l'effet utile de ses sécrétions pour d'autres « êtres. »

EUGÈNE DE MIRECOURT. — Quoi ! cette loi naturelle, qu'aujourd'hui tous nos enfants apprennent à l'école, la loi de la nutrition générale des êtres par leur réciprocité et leur pénétration mutuelle ! J'aurais cru qu'elle était connue de toute éternité.

Victor de Tulle. — Combien vous vous seriez trompé!

Eugène de Mirecourt. — Mais qu'enseignaient donc leurs savants?

Victor de Tulle. — Oh ! les choses les plus drôles du monde ! D'abord ceux qui passaient pour les plus savants croyaient que les plantes se nourrissaient de ce qu'ils appelaient des corps simples.

Eugène de Mirecourt. — Comment! ils étaient assez simples pour cela !

Victor de Tulle. — En conséquence, les uns imaginaient qu'il fallait les nourrir avec de l'ammoniaque, d'autres proposaient des phosphates. Mais d'autres retournaient à la théorie de Jethro Tull, un Anglais qui avait prétendu, cent ans auparavant, que les plantes se nourrissaient uniquement de minéral, et qu'il ne fallait pas de fumier. Enfin on enseignait encore que la nourriture unique des plantes était l'ulmine, provenant de la carbonisation des détritus végétaux. Ces trois théories, toutes trois fausses, luttaient confusément, et rien n'était plus obscur que ce

que l'on appelait la théorie des engrais. Le
théologien en question apprit aux hommes,
qui ne l'avaient jamais su jusque-là, ce que
c'était que *de la terre*. Du même coup, il se
moqua beaucoup des savants, en leur mon
trant que les animaux étaient faits pour les
plantes, comme les plantes pour les animaux.
Il leur révéla le but de la seconde portion du
canal intestinal des animaux, que les physio-
logistes les plus célèbres n'avaient pu devi-
ner. Il leur expliqua l'instinct des chats, des
chiens, de tous les animaux carnivores, qui
les porte à enterrer leurs déjections. Il apprit à Buffon, qui ne s'en doutait pas, pourquoi le chat est propre. Il découvrit ce dont
aucun physiologiste ne s'était avisé, le secret
de la nutrition des plantes, et montra le rapport qui existe entre ce mode de nutrition et
celui des animaux. Enfin, il découvrit à la
suite une foule de vérités naturelles, qu'on
enseigne aujourd'hui, comme vous le disiez
tout à l'heure, dans toutes nos écoles. Mais
ce qui n'est pas moins remarquable, c'est
l'effet d'une idée si simple sur ce qu'on appelait l'économie politique.

EUGÈNE DE MIRECOURT. — Voyons! dites-
moi cela ; vraiment, vous m'intéressez.

VICTOR DE TULLE. — Imaginez que quand
ce théologien révéla une chose si claire, on ne
croyait plus à la Providence, et on ne pouvait
plus y croire; car toute la science avait con-
vergé à ce triste résultat.

EUGÈNE DE MIRECOURT. — Et pourquoi?

VICTOR DE TULLE. — Je vais vous le dire.
Vous ne connaissez donc pas ce que les économistes d'alors appelaient *la loi de Malthus*,
cette célèbre loi devant laquelle, depuis cin-
quante ans, tous baissaient humblement la
tête?

EUGÈNE DE MIRECOURT. — Non. Quelle était
cette loi?

VICTOR DE TULLE. —Et vous ne connaissez
pas davantage le système que Malthus avait
conclu de cette loi?

EUGÈNE DE MIRECOURT. — Pas davantage.
C'est de l'histoire si ancienne, et cette vieille
économie politique est si justement méprisée!

VICTOR DE TULLE. — Commençons par le
système, c'est-à-dire la conclusion que Malthus tirait de sa loi. Voici les termes mêmes
de Malthus : « Un homme qui naît dans un
« monde déjà occupé, si les riches n'ont pas
« besoin de son travail, est réellement de
« trop sur la terre. Au grand banquet de

« la Nature, il n'y a point de couvert mis
« pour lui. La Nature lui commande de
« s'en aller, et elle ne tardera pas à mettre
« elle-même cet ordre à exécution. »

EUGÈNE DE MIRECOURT. — Quelle abomination ! Ah ! je comprends que ces hommes du dix-neuvième siècle ne crussent pas en Dieu ! Mais que disaient les prêtres ?

VICTOR DE TULLE. — Les prêtres ! ils disaient la même chose que les économistes. Ils n'avaient rien trouvé à objecter, et ils en concluaient la nécessité du rétablissement des ordres monastiques.

EUGÈNE DE MIRECOURT. — Je conçois cela de la part des catholiques ; mais les protestants, qui avaient aboli les ordres monastiques et le célibat ?

VICTOR DE TULLE. — Oh ! ceux-là avaient inventé... ma foi ! je ne veux pas vous dire ce qu'ils avaient inventé.

EUGÈNE DE MIRECOURT. — Dites toujours.

VICTOR DE TULLE. — Différents moyens plus abominables les uns que les autres. Par exemple, un célèbre médecin allemand avait, en fin de compte, proposé l'émasculation.

EUGÈNE DE MIRECOURT. — C'est fabuleux !

VICTOR DE TULLE. — La secte du révérend

docteur Chalmers avait inventé les éponges, et elle avait des missionnaires *ad hoc.*

Eugène de Mirecourt.—Que signifie cela?

Victor de Tulle.—Quoi! vous ne devinez pas? Un moyen de satisfaire une loi de la nature sans courir le risque d'augmenter la population.

Eugène de Mirecourt. — Ah! je crois comprendre! Quelle obscénité! quelle affreuse pratique! et quel moyen d'obéir à la nature en lui désobéissant! C'est fabuleux!

Victor de Tulle. — Mais la plus atroce recette que la doctrine de Malthus ait fait imaginer, c'est celle que j'ai lue dans un livre imprimé à Londres, où l'auteur propose très-sérieusement un massacre annuel des Innocents dans toutes les familles dont la génération dépassera le nombre fixé par la loi.

Eugène de Mirecourt. — C'était donc comme Hérode avec l'enfant Jésus.

Victor de Tulle. —Précisément. Seulement on aurait employé le gaz carbonique.

Eugène de Mirecourt. — Si j'avais vécu alors, j'aurais demandé qu'au moins on me laissât le choix de faire périr mes enfants comme je l'aurais voulu... Quoi! nos pères du dix-neuvième siècle en étaient là! C'est fabuleux!

VICTOR DE TULLE.—Fabuleux ou non, c'est si vrai que je puis vous montrer ce livre où l'on prépare les mères à consentir à ce que chaque troisième ou quatrième nouveau-né soit enfermé dans une boîte faite exprès, pour y être asphyxié par le gaz carbonique... ou tout autre gaz délétère. On vous aurait laissé le choix.

EUGÈNE DE MIRECOURT, *réfléchissant*. — Et ils appelaient leur siècle *le siècle des lumières!*... Vous avez beau dire, mon cher monsieur Victor de Tulle, j'ai peine à croire que les fous dont vous venez de me parler fussent considérés même alors comme des sages.

VICTOR DE TULLE. — Voulez-vous d'autres preuves? Je vais vous en fournir. Le système de Malthus était tellement le dernier mot de l'économie politique, et cette économie politique était si bien acceptée, que les gouvernements se donnaient ouvertement pour fonction de créer des *checks* à la population?

EUGÈNE DE MIRECOURT. — Comment dites-vous? des *checks* à la population?

VICTOR DE TULLE. — C'est un mot anglais, équivalant à notre mot d'*échec*. Il s'agissait, pour les gouvernements, de faire échec à la population, de la limiter, de la restreindre.

EUGÈNE DE MIRECOURT. — Vraiment! c'est fabuleux! Mais j'ai lu dans leurs livres saints : *Crescite et multiplicamini.* Comment, étant juifs ou chrétiens, s'arrangeaient-ils avec ce commandement divin?

VICTOR DE TULLE. — Soyez-en sûr, ils ne croyaient plus à la Bible, ni à l'Évangile, ni à rien de divin, tout en faisant semblant d'y croire. Quant au précepte dont vous parlez, ils répondaient que « les livres saints n'a- « vaient pas en économie politique plus « d'autorité qu'en physique et en chimie. » C'est la réponse que fit un de leurs hommes d'État, nommé Duchâtel, dans un livre auquel l'Académie française accorda un prix Monthyon. Bref, la pensée secrète ou manifestée des gouvernants était cet axiome d'Herrenschwand, le maître de Malthus : « Le fléau des États étant l'excès de popula- « tion, la sagesse des législateurs consiste à « puiser dans l'humanité des moyens raison- « nables de s'en délivrer. »

EUGÈNE DE MIRECOURT, — Fi! l'horreur!

Etre chef du troupeau pour le décimer ! Mais c'était un rôle semblable à celui du choléra, ce fléau qui régnait alors ! Et de combien d'hommes était donc composé le genre humain ?

Victor de Tulle.—Il aurait tenu tout entier dans six lieues carrées. On ne comptait pas sur la terre plus d'un milliard d'hommes.

Eugène de Mirecourt.—Les malheureux ! ils croyaient le genre humain trop nombreux, et ils n'étaient en tout qu'un milliard !

Victor de Tulle.—Un des utopistes les plus hardis de ce temps ne supposait même pas que le globe pût avoir jamais plus de trois milliards d'habitants. C'est ce qu'il appelait le globe *au grand complet.*

Eugène de Mirecourt.—Comment le nommez-vous, celui là ?

Victor de Tulle.—Charles Fourier.

Eugène de Mirecourt.—Quoi ! Fourier aussi était de l'avis des économistes !

Victor de Tulle.—Parfaitement ; et c'est même pour cela, disait-il, qu'il avait inventé ses *mœurs phanérogames* comme un remède capable d'amener *l'équilibre de population* en procurant *la stérilité des deux tiers des femmes.*

EUGÈNE DE MIRECOURT. — Ah! ça, mais nous marchons de folie en folie. Les hommes d'État, les économistes, les prêtres, les savants, et les rêveurs aussi, se donnaient donc la main dans ce siècle des lumières....

VICTOR DE TULLE. — Ajoutez les poëtes, qui ne savaient que gémir et trembler devant le destin. En un mot, le genre humain, représenté par toutes ses notabilités, se croyait sur le radeau de *la Méduse*.

EUGÈNE DE MIRECOURT. — De quel radeau parlez-vous?

VICTOR DE TULLE. — Un vaisseau nommé *la Méduse* fit naufrage, et son équipage et ses passagers, réfugiés sur un radeau, se mangèrent les uns les autres. Tel était l'idéal qu'on avait des destins de l'humanité. Les hommes se croyaient soumis à la loi qui fait que *les plantes, se disputant un sol limité, s'étouffent*, et que *les animaux, après une multiplication trop abondante, périssent ou s'entre-dévorent*. C'est ainsi que formulait la chose un économiste de ce temps, disciple de Malthus, qui avait, de plus, l'avantage d'être ministre de l'intérieur dans ce petit pays qu'on appelait la France; ce qui lui permettait d'appliquer sa doctrine en supprimant tous les établissements de charité que le christianisme avait fondés, sous prétexte qu'ils servaient à dépenser un capital considérable sans pouvoir s'opposer à l'invincible loi découverte par son maître.

EUGÈNE DE MIRECOURT.—Ah! je comprends maintenant comment la théorie du Cercle naturel a renversé toute la fausse économie politique.....

VICTOR DE TULLE. — Et vous devez comprendre aussi comment elle a été l'origine de cette immense révolution dans l'agriculture, qui a fait que l'Europe, l'Amérique et la plus grande partie du globe sont aujourd'hui cultivées comme l'étaient alors uniquement la Chine, le Japon, et, en Europe, quelques rares localités.

EUGÈNE DE MIRECOURT. — Ce que c'est qu'une idée générale! On dut bien féliciter le théologien qui, quand le monde était ainsi prosterné devant la fatalité, vint relever le genre humain en montrant que l'homme n'était pas comme *les plantes s'étouffant l'une l'autre*, ni comme les animaux *s'entre-dévorant après une multiplication trop abondante.* Plus l'idée était simple, plus la théorie fondée sur cette idée dut paraître belle et imposante. Le changement de l'opinion dut se faire en un clin d'œil.

Victor de Tulle. — Mais pas du tout ! Combien il faut de temps aux idées les plus simples pour faire leur chemin ! Imaginez que, vingt-cinq ans après que notre théologien avait démêlé le nœud gordien du problème de la population et réfuté Malthus, — pendant qu'il était en exil, — il se trouvait à Paris un professeur d'agriculture à qui il avait généreusement enseigné toutes ses idées. L'occasion vint de lui rendre justice. Que fit le professeur ? Il attribua la théorie du *Circulus* à un fermier du Yorkshire.

Eugène de Mirecourt. — Et cet honnête témoin, comment s'appelait-il ?

Victor de Tulle. — Ne me le demandez pas, car j'en rougis de honte ; il s'appelait comme moi, Victor de Tulle.

Eugène de Mirecourt. — A votre place, je ne voudrais plus porter mon nom.

Victor de Tulle. — Ne soyez par si fier, mon cher monsieur de Mirecourt. Il y avait alors un pamphlétaire qui écrivait des *Biographies*. Eh bien ! il fit la biographie de l'inventeur du *Circulus ;* et savez-vous ce qu'il lui reproche ?

EUGÈNE DE MIRECOURT. — Non.

VICTOR DE TULLE. — Sa pauvreté.

EUGÈNE DE MIRECOURT. — Il me semble pourtant qu'il était fort riche, et qu'il était même le plus riche des hommes, celui qui découvrit cette grande loi naturelle, source pour l'humanité de tant de richesses, à tous les points de vue.

VICTOR DE TULLE. — Eh bien! le biographe en question va jusqu'à faire de lui cette aimable raillerie : « Notre héros fut souvent « obligé dans sa longue carrière d'emprunter « à un ami dix centimes pour avoir du ta- « bac. »

EUGÈNE DE MIRECOURT. — Et ce plaisant biographe se nommait...

VICTOR DE TULLE. — Comme vous, Eugène de Mirecourt.

EUGÈNE DE MIRECOURT.—J'y suis décidé, je vais changer de nom.

VICTOR DE TULLE. — A tout péché miséricorde. Que voulez-vous ? Votre homonyme aura servi à nous apprendre que le théologien, inventeur de la théorie du *Circulus*, prenait du tabac. A propos, en usez-vous, monsieur de Mirecourt ?

Eugène de Mirecourt. — Certainement, monsieur Victor de Tulle.

Victor de Tulle, *ouvrant sa tabatière.* — Je vous en offre.

Et les deux honnêtes savants prennent ensemble une prise de tabac.

FIN

www.ingramcontent.com/pod-product-compliance
Lightning Source LLC
Chambersburg PA
CBHW060641100426
42744CB00008B/1711